MON PREMIER ANIMALIER DU MONDE

Textes de Francesca Chiapponi, Marina Raffo et Patrick David

AUZOU

SOMMAIRE

LA MONTAGNE ET LA FORÊT

LA MONTAGNE

LA FORÊT

L'AIGLE

L'AIGLE est l'un des plus grands rapaces. Grâce à sa vue perçante, il repère sa proie à plusieurs centaines de mètres de hauteur et fonce vers elle en piqué.

LE PUMA

Agile et rusé, le PUMA est un gros félin solitaire. Il se cache derrière les rochers pour capturer sa proie, qui peut être aussi grosse qu'un cerf ou un mouton.

LA MARMOTTE

Petit rongeur aux dents tranchantes, la MARMOTTE habite les prairies de montagne où elle creuse une profonde tanière. Elle y passe l'hiver, complètement endormie.

LE CHAMOIS

Grâce à ses sabots étroits et ses pattes agiles, le CHAMOIS court et saute rapidement parmi les rochers des pentes montagneuses.

LE LYNX

Félin solitaire, le LYNX porte de curieuses touffes de poils au bout de ses oreilles. Silencieux et très agile, il repère sa proie, rampe vers elle et la saisit d'un bond rapide et précis.

LE HARFANG DES NEIGES

Le HARFANG DES NEIGES vit surtout dans les régions près du pôle Nord.
Il résiste au froid grâce à ses plumes épaisses qui deviennent blanches en hiver.

LE GRIZZLI

Comme tous les ours bruns, le GRIZZLI est solitaire. Il habite souvent près d'une rivière où il pêche des saumons. L'hiver, il hiberne dans sa tanière.

LA PANTHÈRE DES NEIGES

La PANTHÈRE DES NEIGES s'est adaptée à la vie dans les hautes montagnes d'Asie centrale. Chassée pour sa fourrure, elle est l'un des félins les plus menacés d'extinction.

LE BOUQUETIN

Le BOUQUETIN vit sur les pentes et les éboulis rocheux des hautes montagnes où il se nourrit d'herbes maigres. Ce ruminant est devenu très rare.

LE LÉZARD

Dans les montagnes, le LÉZARD est souvent gris ou brun, pour mieux se confondre avec les rochers. Il profite du moindre rayon de soleil pour se réchauffer.

LE LOUP

Proche du chien, le LOUP est un redoutable prédateur aux dents très aiguisées.
Les loups vivent en meutes ; quand ils se déplacent, ils avancent en file indienne.

L'OURS BRUN

En Europe et en Asie, l'OURS BRUN habite un vaste territoire qu'il défend contre les autres ours. Il se nourrit aussi bien de végétaux que d'animaux et, bien sûr, de miel.

LE HIBOU

Le HIBOU est un rapace qui s'active et chasse la nuit. Afin de mieux surveiller son territoire, il peut faire pivoter sa tête sur elle-même sans que son corps bouge.

LE RENARD ROUX

Le RENARD ROUX, mammifère à la queue touffue, est l'un des grands prédateurs des forêts froides. Ce carnivore chasse activement toutes sortes de petits animaux.

L'ÉCUREUIL

Rongeur d'une agilité incroyable, l'ÉCUREUIL grimpe dans les arbres et saute de branche en branche. Il se nourrit surtout de graines et de noisettes.

LE CERF

On reconnaît le CERF à ses longues cornes qu'on appelle des «bois».
Ce mammifère ruminant agile et rapide vit en groupe de 20 à 30 individus.

LE HÉRISSON

Le dos du HÉRISSON est garni d'environ 5 000 aiguillons très pointus.
Ce mammifère dort dans la journée et part chasser à la tombée de la nuit.

LE SANGLIER

Le SANGLIER vit en groupe dans les bois humides et les fourrés. Il protège sa peau dure mais fragile en prenant des bains de boue. Vorace, il mange de tout !

LE CHEVREUIL

Ressemblant à un petit cerf agile et très rapide, le CHEVREUIL habite les grandes forêts. Grâce à sa couleur gris-brun, il se dissimule dans les sous-bois.

LE ROUGE-GORGE

Avec son ventre et sa gorge d'un beau rouge orangé, le ROUGE-GORGE mérite bien son nom. Il est très familier et vient souvent se nourrir dans les jardins.

LE GEAI

Bel oiseau au plumage clair souligné de bleu, le GEAI habite les vastes forêts.
C'est un grand bavard qui pousse des cris variés et très puissants.

LE FAISAN

Le mâle FAISAN, très coloré, a une longue queue tandis que la femelle est toute grise.
Cet oiseau vit à la lisière des forêts, dans les fourrés et dans les champs.

LA MÉSANGE

La MÉSANGE est un petit oiseau très actif, toujours en mouvement dans la journée.
Très sociable, elle vient souvent se nourrir de graines dans les jardins.

LE BLAIREAU

Reconnaissable aux bandes noires qu'il porte sur le museau,
le BLAIREAU se nourrit d'insectes, de rongeurs et de champignons.

LA MER, LES FLEUVES ET LES LACS

LES ANIMAUX D'EAU SALÉE

Le dauphin

La baleine bleue

La tortue de mer

La raie

Le poulpe

Le thon

L'orque

Le requin

Le crabe

Le poisson-clown

Le poisson-perroquet

le dragon de komodo

LES ANIMAUX D'EAU DOUCE

L'hippopotame

l'ornithorynque

Le crapaud

Le raton laveur

La libellule

Le castor

Le canard

La carpe

Le héron

La loutre

Le cygne

Le homard

LE DAUPHIN

Le DAUPHIN est un mammifère marin au corps fuselé. Très sociable, il vit en groupe. Pour s'exprimer, il émet des sons qui ressemblent à des sifflements.

LA BALEINE BLEUE

La BALEINE BLEUE est le plus gros animal actuel. Malgré sa taille, elle ne se nourrit que de petits animaux ou algues minuscules qu'elle filtre grâce à ses fanons.

LA TORTUE DE MER

La TORTUE DE MER passe sa vie en mer, sauf pour pondre ses œufs sur les plages des régions chaudes. La tortue est protégée par sa carapace très dure.

LA RAIE

Grâce à sa couleur grisâtre et à sa forme très aplatie, la RAIE se dissimule sous une couche de sable et surprend les poissons dont elle se nourrit.

LE POULPE

Le POULPE vit en solitaire dans les crevasses des rochers des fonds marins.
Grâce à ses huit longs tentacules munis de ventouses, il se déplace rapidement.

LE THON

Le THON est un très gros poisson, pesant jusqu'à 700 kg, au corps très effilé. Infatigable nageur, il parcourt les océans en groupe, ou banc, très important.

L'ORQUE

L'ORQUE est un gros mammifère marin noir et blanc. Excellente nageuse, elle se nourrit surtout de phoques qu'elle capture dans l'eau ou sur la glace.

LE REQUIN

Redoutable prédateur des mers chaudes, le REQUIN erre sans cesse à la recherche d'une proie. Il est l'un des poissons les plus rapides et les plus voraces.

LE CRABE

Le CRABE se dissimule dans une fissure de rocher plus ou moins profonde, dans le sable ou sous des algues, d'où il surveille son territoire. Il se déplace en marchant de côté.

LE POISSON-CLOWN

Le POISSON-CLOWN porte ce nom à cause de ses couleurs très vives. Ce petit poisson des eaux chaudes vit toujours à proximité d'une anémone de mer.

LE POISSON-PERROQUET

Le POISSON-PERROQUET se distingue dans les eaux chaudes par ses couleurs vives et chatoyantes. L'avant de sa tête rappelle le bec des perroquets.

LE DRAGON DE KOMODO

Le DRAGON DE KOMODO est le plus gros des lézards. Avec ses puissantes mâchoires aux dents pointues, il capture de gros animaux ou déchiquette leur carcasse.

L'HIPPOPOTAME

Dans la journée, il se baigne et se repose ; la nuit, l'HIPPOPOTAME sort de l'eau pour brouter longuement les plantes et l'herbe dont il se nourrit.

L'ORNITHORYNQUE

Un museau en forme de bec de canard, une queue plate et des pattes postérieures palmées… l'ORNITHORYNQUE est le plus étrange des mammifères. En plus, il pond des œufs !

LE CRAPAUD

Le CRAPAUD est un amphibien qui ne va que rarement dans l'eau ; d'ailleurs, il nage très mal ! Il préfère vivre discrètement dans les endroits sombres et humides.

LE RATON LAVEUR

Ce mammifère porte ce nom car il « lave » avec beaucoup de soin sa nourriture.
Le RATON LAVEUR vit aussi bien dans les forêts que dans les jardins.

LA LIBELLULE

Cet insecte au corps long et mince porte quatre grandes ailes. On voit souvent la LIBELLULE voler au-dessus de l'eau. Attention, elle mord fortement !

LE CASTOR

Le CASTOR est bien connu pour ronger et abattre les arbres grâce à ses incisives.
Ce gros rongeur vit toujours près de l'eau, où il bâtit lui-même sa tanière.

LE CANARD

Le CANARD est un oiseau aquatique. Il nage très bien et ses plumes épaisses le protègent de l'eau. Avec son bec plat, il fouille la vase pour trouver sa nourriture.

LA CARPE

Reconnaissable aux «moustaches» qu'elle porte de chaque côté de sa bouche, la CARPE est un poisson d'eau douce très prisé des pêcheurs.

LE HÉRON

Perché sur ses longues pattes, le HÉRON parcourt lentement l'eau peu profonde des marais. Grâce à son excellente vue, il y repère facilement les poissons.

LA LOUTRE

La LOUTRE est un petit mammifère au pelage brun foncé qui se nourrit de poissons. Chaque année, la femelle donne naissance à un, deux ou trois loutrons.

LE CYGNE

Avec son long cou courbé et son plumage blanc, le CYGNE a beaucoup d'allure.
Ce gros oiseau aquatique semble glisser sur l'eau sans effort.

LE HOMARD

Avec ses deux grosses pinces et sa carapace, le HOMARD semble armé pour le combat !
Il vit dans les eaux froides et est très recherché pour sa délicieuse chair.

LA JUNGLE ET LA SAVANE

LA HYÈNE

La HYÈNE, une cousine du loup, vit toujours en bande. Ni peureuse ni sale, elle est un redoutable prédateur qui peut attaquer de grands animaux.

LE LION

Le mâle LION possède une épaisse crinière qui entoure sa tête.
Il est très fort et agile, mais c'est la femelle qui chasse le gibier pour le troupeau.

L'ÉLÉPHANT D'AFRIQUE

L'ÉLÉPHANT D'AFRIQUE est le plus lourd des animaux terrestres. Il mange jusqu'à 150 kg de végétaux en une seule journée, qu'il ramasse avec sa trompe.

LE ZÈBRE

Grâce à ses rayures verticales noires sur son corps blanc, le ZÈBRE passe inaperçu parmi les hautes herbes sèches de la savane. Il est très rapide à la course.

LA GIRAFE

Avec son cou très long, la GIRAFE atteint six mètres de hauteur. Elle peut ainsi cueillir les feuilles des arbres les plus hauts de la savane.

LE RHINOCÉROS

Le RHINOCÉROS a une peau très dure et sans poils. La corne, parfois double, qui se trouve au milieu de son museau constitue une arme de défense redoutable.

LA GAZELLE

La GAZELLE vit en troupeau d'environ 200 animaux. Elle peut ainsi échapper plus facilement à ses prédateurs. Elle est très rapide à la course.

LE GUÉPARD

Le GUÉPARD est un félin qui, contrairement aux lions, chasse dans la journée.
C'est l'animal le plus rapide à la course, il atteint la vitesse de 110 km/h.

LE LÉOPARD

Le LÉOPARD est l'autre nom de la panthère. Très fort et agile, ce félin tacheté emporte ses proies en haut d'un arbre pour les manger en toute tranquillité.

LE BOA ÉMERAUDE

Grâce à sa couleur verte, le BOA ÉMERAUDE se cache dans les feuillages des forêts vierges, où il attrape des oiseaux et de petits singes. Il n'est pas venimeux.

LE JAGUAR

Ce grand félin tacheté chasse la nuit dans les forêts humides. Le JAGUAR est aussi agile dans les arbres que dans l'eau, où il aime beaucoup se baigner.

LE PERROQUET

Le PERROQUET est un oiseau au plumage très coloré. On le connaît bien pour sa voix puissante grâce à laquelle il peut imiter les mots du langage humain.

LE TOUCAN

Grâce à son bec imposant et de couleurs vives, le TOUCAN peut couper des fruits dont il se nourrit. Cet oiseau vole mal mais se déplace aisément sur les branches.

LE TIGRE

Le TIGRE est le plus grand des félins. Solitaire, il a besoin d'un grand territoire pour chasser. Avec sa mâchoire d'acier, il capture et étrangle ses proies.

LE GORILLE

Le GORILLE, le plus grand et le plus fort des singes, vit en communauté d'une dizaine d'individus. Un grand mâle adulte dirige et protège le groupe.

LE CHIMPANZÉ

Le CHIMPANZÉ vit surtout en groupe dans les arbres, où il cherche sa nourriture et se repose. Très intelligent, il peut se servir de certains objets comme outils.

L'IGUANE VERT

Ce grand lézard vit dans les arbres bordant les rivières. Grâce à sa couleur verte, l'IGUANE se dissimule dans les feuillages. Il ne mange que des feuilles et des fruits.

LA PANTHÈRE NOIRE

La PANTHÈRE NOIRE vit surtout dans les arbres. Sa couleur très sombre la rend invisible parmi les feuillages. Ce félin est un carnivore très agressif.

LE CROCODILE

Le CROCODILE nage très rapidement grâce à sa queue puissante. Il habite les fleuves et les rivières ; il se repose sur les berges et se dissimule dans les eaux boueuses.

LE FLAMANT ROSE

Perché sur ses longues pattes, le FLAMANT ROSE parcourt les marécages peu profonds. Cet oiseau vit en colonie de milliers d'individus.

LE VAUTOUR

Le VAUTOUR est un grand oiseau rapace qui ne se nourrit que d'animaux morts qu'il repère en volant haut dans le ciel. Ainsi, ces oiseaux nettoient la savane.

LE KOALA

Le KOALA habite les forêts d'eucalyptus d'Australie. Il grimpe très bien aux arbres. Le koala ne boit jamais ; mâcher les feuilles d'eucalyptus lui suffit.

LE PANDA

Le PANDA est un petit ours qui vit dans les forêts de bambous. Il se nourrit de feuilles et de pousses de bambous géants. Il est en voie de disparition.

LE GNOU

Le GNOU vit en troupeau dans la savane. Lorsque la nourriture se fait rare, les gnous effectuent des migrations, souvent accompagnés par des zèbres ou des gazelles.

LE DÉSERT ET LA GLACE

LE DROMADAIRE

Les longs poils du DROMADAIRE le protègent de la chaleur du jour et du froid de la nuit. Sa grosse bosse lui sert à emmagasiner des réserves de graisse.

LE FENNEC

Grâce à ses grandes oreilles, le FENNEC entend ses proies se déplacer sous le sable.
Ce petit renard du désert mange divers animaux mais boit très peu.

LA GERBOISE

La GERBOISE fait de grands sauts grâce à ses longues pattes postérieures.
Ce petit rongeur utilise sa longue queue pour rester en équilibre sur le sable.

L'AUTRUCHE

L'AUTRUCHE est le plus gros oiseau vivant. Trop lourde, elle ne peut pas voler, mais elle est très rapide à la course. Ses œufs, énormes, pèsent 1 ,5 kg.

LE SCORPION

Le SCORPION possède deux grosses pinces, mais c'est grâce à l'aiguillon situé à l'extrémité de sa queue qu'il tue ses proies en leur injectant un puissant venin.

LE SERPENT À SONNETTE

Grâce à son corps souple, le SERPENT À SONNETTE se déplace facilement sur le sable. Sa mâchoire supérieure cache deux longs crochets venimeux.

L'ADDAX

L'ADDAX se reconnaît à ses cornes en spirale. Ce mammifère vit en troupeau. Il boit rarement. L'eau contenue dans les plantes dont il se nourrit lui suffit.

LE SURICATE

Petit carnivore très actif, le SURICATE vit en colonie dans les dunes sableuses.
On voit souvent un mâle, dressé sur ses pattes arrière, surveiller le groupe.

LE MOLOCH HÉRISSÉ

Sa grosse tête, son corps et sa queue garnis d'épines donnent à ce drôle de lézard australien un air de petit dragon… Mais le MOLOCH HÉRISSÉ est inoffensif !

LE DAMAN

Les pattes courtes mais puissantes du DAMAN le rendent très agile parmi les gros rochers. Ce petit mammifère est en fait un cousin des éléphants !

LE PHOQUE

Le corps fuselé du PHOQUE et ses pattes transformées en nageoires lui permettent de plonger et de nager pour capturer les poissons dont il se nourrit.

LE BŒUF MUSQUÉ

Le corps du BŒUF MUSQUÉ est couvert de longs poils laineux qui le protègent du froid intense. Ce gros ruminant se nourrit des herbes rases de l'Arctique.

LE MANCHOT

Les ailes du MANCHOT se sont transformées en petites nageoires. Il ne vole pas, mais il plonge dans l'eau pour capturer des poissons et des crustacés.

LE MORSE

Trapu et très massif, le MORSE possède deux énormes défenses qui lui sont utiles pour se déplacer sur la glace et se défendre. Ce mammifère vit en groupe.

L'ÉLÉPHANT DE MER

Grâce à l'épaisse couche de graisse qui enveloppe son corps, l'ÉLÉPHANT DE MER peut plonger dans les eaux glacées jusqu'à 100 mètres de profondeur.

L'OURS POLAIRE

L'OURS POLAIRE est couvert d'une épaisse fourrure blanche ou crème, qui le rend peu visible sur la glace. Très agile et rapide, c'est un redoutable prédateur.

RETROUVEZ LE RESTE DE LA COLLECTION EN PETIT FORMAT :